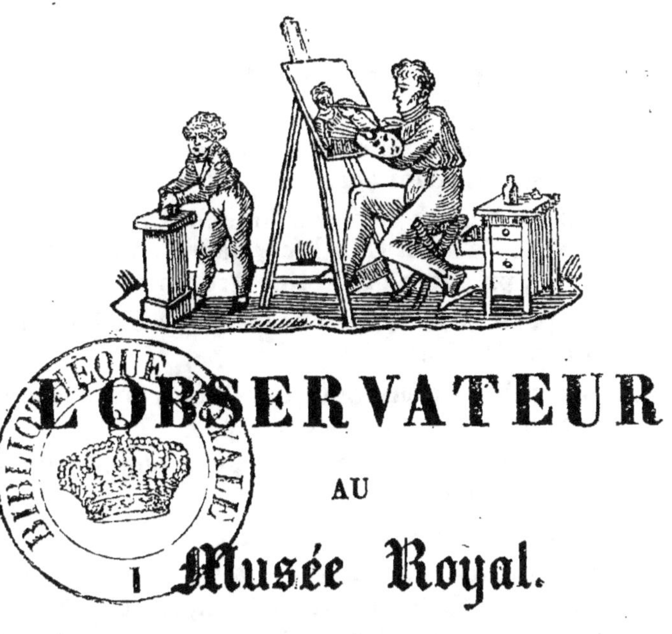

L'OBSERVATEUR

AU

Musée Royal.

EXPOSITION 1842.

Nº 1er. Vase de Fleurs. Aquarelle. Mlle Sophie Abner.

2. La sainte Famille, dans une vallée. M. Achermann.

3. Vue du Mont Saint-Michel, côtes de Normandie. M. Adelus.

4. Portrait de M. de Pongerville, de l'Académie française. M. Aiffre.

20. Marie de Mantoue. Mlle Anfray.

22. Les prisonniers Arabes de la Sickak, à Marseille. M. Angelin.

26. Néron devant le cadavre d'Agrippine. M. Appert.

28. Raphaël est introduit furtivement pendant l'absen-

ce de Michel-Ange, dans la chapelle Sixtine. M. Arago.

29. Prométhée est enchaîné par Vulcain, sur le mont Caucase. M. Armitage.

31. Saint Louis et la reine Blanche, en prière sur le tombeau de saint Gauthier, dans l'abbaye de Saint-Martin, près Pontoise. Mme Arquinvilliers.

41. Le pape Léon X visitant les Loges de Raphaël, au Vatican. M. Baille.

42. Réception de Mme de Lavallière, au couvent des Carmélites. Même Auteur.

43. Le dauphin Charles VII, sur la plate-forme de la Bastille. Même Auteur.

47. Lara mourant. M. Balthasar.

68. Pierre-le-Grand visitant la France. M. Bazin.
« M. le comte de Ségur, dans son histoire de Russie, nous dit que Pierre s'écartait dans les champs, et s'entretenait avec de simples laboureurs. »

69. Samson luttant avec un jeune lion furieux. M. Bazin.

113. Roland le Furieux. M. Bertin.

129. La Fleur oubliée. M. Beyer.

132. Jhane Shore, condamnée à mourir de faim dans les rues de Londres. M. Biard.

135. Un navire allant à la recherche d'un passage au N.-O., fut arrêté pendant plusieurs mois au milieu des glaces. Même Auteur.

152. Entretien de Jésus avec la Samaritaine. M. Birotheau.

191. Un chevalier, blessé mortellement à la bataille d'Anthon, en 1430, est porté mourant chez des chartreux. M. Boissellier.

206. Entretien de Numa Pompilius avec la nymphe Egérée. M. Borely.

223. Mont St-Bernard ; Bonaparte montre à ses soldats les plaines de l'Italie. M. Bouchot.

240. Marguerite d'Anjou rendant grâce à Dieu d'avoir été délivrée de la fureur des brigands. M. Bouton.

244. La mère de Jésus, pénétrée de douleur et baignant dans son sang, était debout auprès de la croix, pendant que son fils y était attaché. M. Boyer.

261. Marie-Stuart livrée à ses bourreaux. M. Brown.

« Marie, arrivée sur l'échafaud, demanda son aumônier, ce qui lui fut refusé..»

267. Résurrection de la fille de Jaire. Mme Brune.

268. Grand' Mère. Mme Brune.

285. Léonard de Vinci mourant dans les bras de François Ier. M. Calisch.

294. La Mère et la Fille. M. Canon.

« Ce Tableau est très bien, les couleurs sont variées, les figures expressives ; il fait honneur à son Auteur. »

307. Martyre de Saint-Firmin, à qui le gouverneur Valérien Sébastien fit secrètement couper la tête dans sa prison, M. Caudron.

340. Robert le Diable. M. Charpentier.

« Robert rencontre à son retour de la chasse une jeune fille qu'il aima beaucoup, et dont il eut un fils nommé Guillaume, qui devint conquérant de l'Angleterre. »

343. Assemblée de protestants dans les Cévennes. M. Chasselat Saint-Ange.

346. Moment où Esther va paraître devant Assuérus. M. Chassériau.

347. Sur une plage déserte, écartée, les Troyens pleuraient la perte d'Anchin, et, en pleurant, toutes les Troyennes regardaient la mer profonde. M. Chassériau.

350. Le vaisseau le Friedland lancé à Cherbourg en 1840, le 4 avril. M. Chazal.

358. Bacchus, pour séduire Erigone, prend la forme d'une grappe de raisin. M. Chérelle.

415. En 1346 la ville de Calais se rend aux Anglais. Mlle Cordellier-Delanoüe.

485. Bataille d'Almanza, en 1707. M. Dauzat,

« Louis XIV plia sous les coups redoublés de la Fortune, et se résigna à demander la paix. »

495. Capitulation de la ville de Tripoli dans l'année 1100. M. Debacq.

496. Les deux sœurs, Marguerite de Bourgogne et Blanche, sont conduites dans une forteresse de Normandie, convaincues d'adultère. M. Debacq.

498. Entrée des chevaliers de l'ordre de Saint-Jean à Niterbe, en 1527. M. Debay.

505. L'Ordre de Saint-Jean de Jérusalem est institué le 15 février 1113. M. Decaisne.

528. Henri IV, à l'âge de quinze ans, est proclamé généralissime. M. Delaval.

Tout est beau dans ce tableau. La figure d'Henri et les autres sont faites d'après des portraits du temps.

533. Saint-Pierre repentant. M. Delestre.

540. Sancho Pança reçoit la bénédiction de Don Quichotte. M. Descolits.

541. Gusman d'Alfarache surpris par son maître au moment où il dérobe des confitures. M. Descolits.

545. Ste-Geneviève se consacrant à Dieu. Mme Desnos.

553. Le cardinal de Richelieu au siége de Pignerol. M. Detouche.

555. Saint-Gilles recevant la mître d'Abbé. M. de Vaines.

557. La sainte Vierge, Zacharie, saint Joseph et saint Jean adorent l'Enfant-Jésus. M. Devéria.

572. Confession de la reine Frédégonde à Grégoire de Tours. M. Doutreleau.

591. Des anges ensevelissent le Christ en présence de
de Marie et de Joseph d'Arimathie. M. Dulong.

595. Le pape Sixte IV recevant les embassadeurs du
roi de France. Même Auteur.

613. De saintes femmes délivrent de l'esclavage saint
Sébastien. M. Duval le Camus.

622. On présente à Jésus le livre du prophète Isaïe.
M. Edwarmay.

629. Vue de la forêt de Ponjibaud, en Auvergne. Mme
Empis.

653. Bataille de la Moskowa, en 1812. M. Espinassy.
« Sur le devant du tableau, on voit la redoute de
Chewardino, et un peu à gauche, le village qui lui a
donné ce nom ; les divisions du maréchal Ney sont à la
disposition du prince Eugène, chargé du commande-
ment de la gauche. »

645. Les saintes femmes au tombeau du Christ. M. Fal-
coz.

656. Arrivée à Bayonne, de LL. AA. RR. monseigneur
le duc et madame la duchesse d'Orléans. Mlle Feillet.
« Le prince est reçu par les autorités civiles et mili-
taires et par les Basques. Ce tableau fixe l'attention des
connaisseurs. »

666. Deux paysannes Albanaises causant avec des femmes Romaines. M. Ferrant.

673. La Folle du Luxembourg. M. Filleul.
« Pendant la terreur, une jeune femme suivit un jour
le tombereau qui se rendait à la place de la Révolution ;
son mari était au nombre des victimes ; après l'exécu-
tion, elle revint s'agenouiller à la porte fatale, et conti-
nua de suivre la sanglante charrette. Enfin on ne la vit
plus ; la pauvre folle avait cessé de souffrir. »

675. Le maréchal Ney à la retraite de Russie. Même
Auteur.

681. St. Louis dictant ses établissemens. M. Flandrin.

692. Bataille des Dunes, aux environs de Dunkerque, 14 juin 1658. M. Fort.

693. Siége de la ville de Berg-op-Zoom, juillet 1747. Même Auteur.

694. Siége de la ville de Dantzig. Même Auteur.

700. Massacre des Jannissaires dans la cour de la Mosquée. M. Fourau.

715. Funérailles de Masanieillo. M. Fragonard.

« Le duc d'Arcos, vice-roi de Naples, ayant établi de nouveaux impôts, le peuple se révolta, et mit à sa tête un jeune homme robuste et d'un caractère ardent, qui fut assassiné. »

716. Femmes Chrétiennes livrées aux bêtes féroces. M. Fragonard.

718. Daphnis et Chloé. M. Franchet.

719. Transfiguration du Christ. M. Frenet.

722. Vue de Constantine. M. Frère.

724. Caravansérail à Hussein-Dey, environs d'Alger. Même Auteur.

726. Vue d'Alger. Même Auteur.

730. Marguerite. M. Froment Délormel.

«Elle quitte son ouvrage pour examiner les bijoux apportés par Méphistophélès. »

737. Le Samaritain. M. Galle.

738. Bénédiction de la Grand'Mère. Même Auteur.

739. Dépôt d'objets volés, trouvé dans un souterrain, en Irlande. M. Gallego.

742. St. François de Salles, convertissant au catholicisme le duc Lesdiguières, protestant. M. Gamen Dupasquier.

748. Les Bénédictins blancs à Palerme. M. Garnerey.

760. St. Vincent de Paule recueillant un enfant trouvé. M. Geniole.

767. Souvenir de Normandie, effet de brouillard. M. Geré.

768. Vue partie des Pyrénées et des plaines de l'Arose. M. Gernon.

770. Appartement d'Agrippine, mère de Néron. M. Geslin.

« C'est dans cet endroit qu'elle fut mise à mort à l'âge de cinquante-trois ans, par les ordres de Néron. »

775. Saint Philippe, apôtre, guérissant une malade. M. Gigoux.

776. Souvenirs de la jeunesse d'Hoffmann. Même Auteur.

777. Fin du combat du Grand-Port (île de France). M. Gilbert.

778. Bombardement de Cadix en 1823. Même Auteur.

779. Prise d'un Brick anglais. Même Auteur.

780. Combat de l'Affroun en 1840. M. Ginain.

« Monseigneur le duc d'Aumale est à la tête du 1er régiment d'Afrique. »

789. Des Protestans surpris par des catholiques. M. Girardet.

815. Trait de Bienfaisance. Mlle Goblain.

« Un enfant, abandonné dans le quartier de la Cité, fut trouvé par une enfant de son âge qui revenait de son école; celle-ci l'amena à sa mère, quoique pauvre, et l'adopta. »

816. Pavillon de Gabrielle d'Estrée, à Charenton. Même Auteur.

833. Glacier de Foglefonden, en Norwège. M. Gorbitz.

837. La Charité. M. Gosse.

« Ce tableau fait honneur à l'artiste. »

846. Les quatre Évangélistes, destinés à l'église Saint-Médard. M. Goyet.

847. Siméon-le-Juste. Même Auteur.

848. Sainte Cécile. Même Auteur.

849. Histoire de la Vie des Artistes en quatre figures : l'Espérance, la Mélancolie, le Découragement, la Persévérance. M. Goyet.

862. Marino Faliero. M. Grosclaude.

864. Combat naval de Chio. M. Gudin.

865. Bombardement de Tripoli en 1685. Même Auteur.

866. Prise de sept Vaisseaux, anglais, hollandais et catalans. Même Auteur.

867. Prise à l'abordage de la goëlette anglaise *le Hasard*, en 1804. Même Auteur.

874. Les trois Marie au tombeau du Christ. M. Gué.

875. Raymond VI, comte de Toulouse, se réconciliant avec l'église en 1209. Même Auteur.

879. Louis de Bourbon Ier du nom, prince de Condé, accusé d'avoir été le chef de la conspiration d'Amboise, vient se justifier devant la cour de François II. M. Gué (Oscar).

882. Portrait de M. le marquis de Dreux-Brézé, pair de France. M. Guérin (Paulin).

891. Femme des environs d'Avignon, fuyant sa maison inondée. M. Guet.

920. Combat du bois des Olives. M. Guyon.
« Dans cette journée (20 mai 1840), le 17° léger, commandé par le colonel Bedeau et le 2° bataillon de zouaves, sous les ordres du commandant Renaud , se couvrirent de gloire. »

939. Eudore et Cymodocée. M. Henri.

952. Adoption de Godefroy de Bouillon, par l'empereur Commène. M. Hesse.

961. Le peintre Rembrandt dans son enfance. M. Holfeld.

« Cet artiste fut un des peintres célèbres dont la Flandre se glorifie. »

982. La Promenade, costumes du temps de Louis XIII. M. Hugot.

988. S. A. R. le prince de Joinville fait embarquer à son bord le corps de l'empereur Napoléon pour le ramener en France. M. Isabey.

1000. Henri de Bourgogne recevant l'investiture du royaume de Portugal. M. Jacquand.

1012. Louis VII forçant le passage du Méandre. M. Johannot.

1020. La Madeleine aux pieds de Jésus. M. Jonquières.

1022. Prométhée enchaîné sur le rocher. M. Jourdy.

1027. Entrée de Jésus-Christ à Jérusalem. M. Jouy.

1044. Bataille d'Oporto, en 1809, commandée par le maréchal duc de Dalmatie. M. Jung.

« 200 pièces de canon et 20 drapeaux furent les trophées de cette mémorable victoire, dans laquelle l'ennemi perdit 18,000 hommes, et un bien plus grand nombre de soldats noyés dans le Douro. »

(Les tableaux 1045 jusqu'à 1053 sont du même Auteur.)

1082. Rebecca donnant des soins au chevalier Ivanhoë, qui est transporté dans la maison du juif Isaac d'Yorck. M. Lacaze.

1114. Chute du ruisseau des forêts de Chaufontaine, près de Liége. M. Lamberti.

1118. Le bienheureux Angélique de Fiévole demandant des inspirations à Dieu. M. Landelle.

« Ce religieux excella dans la peinture ; jamais il ne toucha ses pinceaux sans invoquer le Tout-Puissant. »

1120. Combat de Rocfels en Suisse, en 1799. M. Langlois.

« Dans l'horrible retraite des Russes, les Français,

commandés par le général Masséna, virent le vieux général Souwaroff s'enfoncer avec les restes de son armée dans les montagnes. Les blessés, les malades, tout fut abandonné. »

1124. Intrépidité du commandant Daru à la bataille de Ligny en 1815. M. Lansac.

1139. Dernière entrevue de Gabrielle d'Estrées et de Henri IV. Mme Latil.

« Quelques jours après cette entrevue, Gabrielle fut empoisonnée. »

1148. Naufrage de la corvette l'Astrolabe, commandée par M. de La Peyrouse. M. Lauvergne.

1149. La corvette française la Recherche dans la baie de la Madeleine, au nord de Spitzberg. Même Auteur.

1150. Le Démon, sous la forme d'une femme, s'introduit dans la maison d'un solitaire pour le tenter. M. Laverne.

1162. Charles IV jouant aux cartes chez la reine Isabeau, quelques jours avant l'assassinat du duc d'Orléans. M. Lebas.

1204. Incendie de Dernau près Bonn. M. Leiendecker.

« Une famille allemande vient d'échapper à ce désastre ; la jeune épouse cherche à consoler son mari : elle presse contre son sein les seuls biens qui lui restent. »

1223. Sainte Adélaïde, fille de Rodolphe, roi de Bourgogne en 966. M. Lemercier.

1236. Bataille navale d'Embro, gagnée par les chevaliers de Rhodes sur les turcs, en 1346. M. Lepoitevin.

1243. La grotte d'azur dans l'île de Capri, royaume de Naples. Même Auteur.

« Cette grotte a un quart de mille de circonférence ; l'eau, les sables, les rochers, tout y est bleu : l'eau a cinq mètres de profondeur. »

1257. Répentir de Judas. M. Lesecq.

1265. Bethsabée à sa toilette est aperçue par le roi David, qui la séduisit, et l'enleva à son mari, qu'il fit périr. M. Lestang-Parade.

1270. Le magicien Atlant. M. Leullier.

« Ce savant enchanteur s'élève parfois jusqu'aux étoiles, et parfois il descend avec rapidité jusqu'à terre ; c'est alors qu'il enlève toutes les jeunes et belles filles qu'il trouve sur sa route, et les emmène en son château bâti au sommet d'une montagne inaccessible. »

1271. Aglaé de Phalère choisissant un fruit qui doit empoisonner son amant.

« Cette production est due aux pinceaux de M. Leygue. »

1276. Désespoir de Mélanchton, causé par les massacres qu'occasionna le schisme de Luther. M. Liogier.

1331. Moïse. Mlle Martin.

1332. Oudine donne à son époux le baiser qui doit le faire mourir. Même Auteur.

1335. Portrait de Mgr Affre, archevêque de Paris. M. Marzocchi de Bellucci.

1336. Portrait de Mgr Olivier, évêque d'Evreux. Même Auteur.

1339. L'Eunuque Eutrope, premier ministre de l'empereur Arcadius, est sauvé de la fureur du peuple par Saint-Jean Chrysostôme. M. Massé.

1348. Coup de vent essuyé dans la Méditerranée par le vaisseau *l'Océan*, de 120 canons, en 1841. M. Mayer.

1362. Mausolée de Georges d'Amboise et de son neveu, érigé en 1522. M. Merindol.

1364. Incendie en mer, d'un navire anglais. M. Meyer.

1392. Combat d'Algésiras, en l'an IX de la République. M. Morel-Fatio.

1415. La Descente de la Courtille. M. Nanteuil.

1489. Entrée au Col de Mouzaïa, le 12 mai 1840. M. Philippoteaux.

SCULPTURE.

1887. Léonor Chabot, comte de Charny, gouverneur de Bourgogne, sauve les Huguenots du massacre de la St-Barthélemy. Bas-relief en bronze. M. Barre.

1918. Charles d'Anjou, comte de Provence, frère de saint Louis. Statue en plâtre. M. Daumas.

« Le comte appose son cachet sur le traité qui le rend maître du château et de la forteresse d'Hyères, qu'il assiégeait depuis cinq mois. »

1922. L'Histoire. Statue en marbre, destinée à décorer une des niches de la nouvelle bibliothèque de la chambre des Pairs. M. Desbœufs.

1945. Judith montrant au peuple de Béthulie, assemblé sur la place publique, la tête d'Olopherne. Bas-relief en marbre. Mlle Fauveau

1950. Erwin Steinbach, architecte de la cathédrale de Strasbourg. Bas-relief en plâtre. M. Friederich.

1970. Principaux modèles de l'épée offerte à S. A. R. le comte de Paris, par la ville de Paris. M. Klagmann.

2007. HENRI IV. Statue en marbre. M. Raggi.

« Le Roi témoigne à ses nobles guerriers sa volonté de marcher avec son armée, au secours d'Henri III, et les engage à rassembler autour de lui leurs vassaux armés, pour accomplir ce projet. »

Cette Statue est exposée dans la cour du Louvre, et elle est destinée pour la place royale de la ville de Pau.

Paris. — Imprimerie de Chassaignon, rue Git-le-Cœur, 7.